CONOZCAMOS *LAS ESPECIES MARINAS*

¿QUÉ SON LOS MOLUSCOS?

SARAH MACHAJEWSKI

Britannica
Educational Publishing
IN ASSOCIATION WITH

ROSEN
EDUCATIONAL SERVICES

Published in 2017 by Britannica Educational Publishing (a trademark of Encyclopædia Britannica, Inc.) in association with The Rosen Publishing Group, Inc.
29 East 21st Street, New York, NY 10010

Distributed exclusively by Rosen Publishing.
To see additional Britannica Educational Publishing titles, go to rosenpublishing.com.

First Edition

Britannica Educational Publishing
J.E. Luebering: Director, Core Editorial
Mary Rose McCudden: Editor, Britannica Student Encyclopedia

Rosen Publishing
Nathalie Beullens-Maoui: Editorial Director, Spanish
Ana María García: Editor, Spanish
Alberto Jiménez: Translator
Bernadette Davis: Editor, English
Nelson Sá: Art Director
Brian Garvey: Designer
Cindy Reiman: Photography Manager
Nicole DiMella: Photo Researcher

Library of Congress Cataloging-in-Publication Data

Names: Machajewski, Sarah, author.
Title: What are mollusks? / Sarah Machajewski.
Description: First edition. | New York : Britannica Educational Publishing in association with Rosen Educational Services, 2017. | Series: Let's find out! Marine life | Includes bibliographical references and index.
Identifiers: LCCN 2016020466 | ISBN 9781508105008 (library bound : alk. paper) | ISBN 9781508104988 (pbk.: alk. paper) | ISBN 9781508104995 (6-pack: alk. paper)
Subjects: LCSH: Mollusks—Juvenile literature. | Aquatic animals—Juvenile literature.
Classification: LCC QL405.2 .M34 2017 | DDC 594—dc23
LC record available at https://lccn.loc.gov/2016020466

Manufactured in China

Photo credits: Cover, p. 1, interior pages background image Andaman/Shutterstock.com; p. 4 Andrea Izzotti/Shutterstock.com; p. 5 Ansebach/Shutterstock.com; p. 6 Iryna Loginova/Shutterstock.com; pp. 7, 8 Encyclopædia Britannica, Inc.; p. 9 Jason Edwards/National Geographic Image Collection/Getty Images; p. 10 Borut Furlan/WaterFrame/Getty Images; p. 11 Russ Kinne/Photo Researchers; p. 12 Neville Fox-Davies/Bruce Coleman Inc.; pp. 12–13 Paul Starosta/Corbis Documentary/Getty Images; p. 14 Reinhard Dirscherl/Corbis Documentary/Getty Images; p. 15 © Marineland of Florida; p. 16 Editor5807; p. 17 Igor Sirbu/Shutterstock.com; p. 18 ISRIC World Soil Information, Photographer: Kauffman JH; p. 19 Douglas P. Wilson; p. 20 Jean Kenyon - Coral Reef Ecosystem Division/Pacific Islands Fisheries Science Center/NOAA; pp. 20–21 wnarong/Shutterstock.com; p. 22 paintings/Shutterstock.com; p. 23 © Merriam-Webster Inc.; p. 24 Jon Sullivan/PDPhoto.org; p. 25 ZoneFatal/Shutterstock.com; p. 26 Courtesy of the trustees of the British Museum (Natural History); photograph, Imitor; p. 27 Gary Blakeley/Fotolia; p. 28 S.Borisov/Shutterstock.com; p. 29 FEMA/Leif Skoogfors.

Contenido

LOS MOLUSCOS, ¿CÓMO SON?

Nuestro planeta alberga millones de criaturas: desde tortugas marinas a leopardos de las nieves hasta serpientes. Los **hábitats** de la Tierra están llenos de animales interesantes y diversos, ¡como los moluscos! Estos tienen mucho en común, pero también son muy

Este pulpo diurno es solo uno de los muchos moluscos que habitan la Tierra.

El **hábitat** es un lugar o un tipo de lugar donde una planta o un animal crece o vive de forma natural.

distintos entre sí. Aunque la mayoría vive en el agua, algunos lo hacen en la tierra; muchos tienen concha, pero otros, no. En realidad, entre algunos, como el caracol y el calamar, hay tantas diferencias que parece mentira que pertenezcan al mismo grupo.

Entre esas criaturas que pueblan nuestro planeta hay millones de moluscos que viven en distintos entornos. Estos animales tienen características propias que los distinguen tanto de otros como entre sí. Vamos a sumergirnos en su mundo para conocerlos mejor.

Los moluscos pueden vivir en muchos entornos diferentes, incluyendo ríos.

CLASES DE MOLUSCOS

Los moluscos son animales de cuerpo blando, por lo que, en su mayoría, están recubiertos por una concha que los protege. Hay más de 100,000 especies, o clases, y en total representan el 23% de los animales marinos conocidos.

Con tantas especies, no es de extrañar que los moluscos tengan tal diversidad. No obstante, comparten ciertas características: son invertebrados, es decir, no tienen columna

Esta babosa azul de los Cárpatos se arrastra sobre el musgo.

CONSIDERA ESTO:

¿Por qué los moluscos necesitan concha? ¿Qué les pasaría sin ella?

Invertebrates

jellyfish

sponge

snail

scallop

flatworm

starfish

spider

shrimp

¡Más del 90% de todos los animales son invertebrados, incluyendo medusas, estrellas de mar, caracoles, gambas y más!

vertebral, y su cuerpo no está dividido en segmentos. En general, consta de tres partes: cabeza, masa visceral y una estructura similar a un pie. La cabeza contiene un cerebro. La masa visceral, compuesta por los órganos, está rodeada por una capa protectora llamada *manto*, que en algunos casos segrega la concha. El «pie» sirve para desplazarse o excavar.

En función de sus características comunes, los moluscos se dividen en siete clases. Sin embargo, los de cada clase difieren entre sí en ciertos aspectos, como tamaño, color, comportamiento y hábitat.

Los bivalvos, como las ostras, las almejas y los mejillones, tienen la concha dividida en dos mitades (llamadas *valvas*) y el cuerpo blando. Casi todos los gasterópodos, como los caracoles, las lapas y las caracolas, presentan concha, un pie muscular y, muchos de ellos, una estructura con dientes llamada *rádula*; a esta clase pertenece más o menos el 65% de los moluscos.

Los cefalópodos, como el pulpo, el calamar, la sepia y el nautilo, se caracterizan porque nadan, en

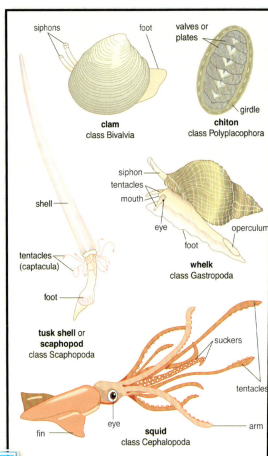

Este diagrama muestra las diferentes clases de moluscos.

Los quitones son unos moluscos muy peculiares: ¡tienen ocho valvas individuales!

COMPARA Y CONTRASTA

Compara los bivalvos, los gasterópodos y los cefalópodos. ¿En qué se parecen? ¿En qué se diferencian?

general carecen de concha y tienen los ojos y el cerebro más desarrollados de todos los moluscos. A este grupo pertenecen los moluscos de mayor tamaño.

Bivalvos

Los bivalvos, de concha formada por dos mitades, o valvas, se subdividen en unas 15,000 especies. De estas, las más conocidas son las almejas, las ostras, los mejillones y las vieiras. La mayoría de las especies viven en el océano, pero algunas lo hacen en agua dulce. Presentan gran variedad de tamaños: ¡la almeja gigante, por ejemplo, llega a pesar más de 500 libras (227 kilogramos)!

Los bivalvos disponen de sistema nervioso, sistema digestivo, corazón, branquias en lugar de pulmones y concha con dos valvas conectadas por medio de músculos, lo que les permite

Dos duras valvas protegen el cuerpo de esta vieira.

Hay muchas especies de almejas, como la redonda (izquierda) y la de concha blanda.

cerrarse rápida y completamente; para abrirse de nuevo les basta con relajar esos músculos.

Cada especie se comporta de manera distinta. Los mejillones de mar y las ostras se adhieren a superficies sólidas; las vieiras nadan abriendo y cerrando las valvas; los mejillones de río y las almejas se entierran en la arena con su pie muscular.

GASTERÓPODOS

CONSIDERA ESTO:
Los caracoles y las babosas son algunos de los pocos moluscos terrestres. ¿Cómo se han adaptado estos gasterópodos a vivir en la tierra?

¡Con más de 65,000 especies, los gasterópodos forman el grupo más numeroso de los moluscos! Entre ellos se encuentran los caracoles, las babosas terrestres y las marinas. Casi todos disponen de una concha que suele estar enrollada en espiral y lucir bellos dibujos y colores. Las babosas —tanto terrestres como de mar— carecen de concha.

Los gasterópodos tienen

La lapa europea es un gasterópodo provisto de concha. Es comestible, lo que significa que hay gente que la consume.

cabeza, un cuerpo blando, un sistema digestivo completo y unos órganos sensoriales muy desarrollados. En tierra, los caracoles y las babosas se mueven deslizándose sobre la baba que segrega su cuerpo.

Hay gasterópodos por todo el mundo. Algunos de los terrestres pasan el invierno bajo tierra. Todos se alimentan mediante la rádula, una placa con filas de dientes diminutos que les sirven para masticar y rascar alimento de las superficies.

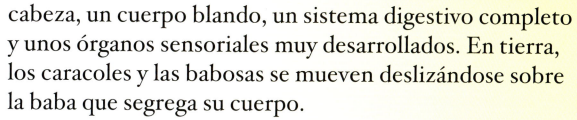

El caracol marrón es un gasterópodo que suele encontrarse en los jardines.

CEFALÓPODOS

Los cefalópodos, cuyo aspecto es muy distinto al de otros moluscos, se subdividen en 650 especies, que incluyen pulpos, calamares, nautilos y sepias. Todos son depredadores que se alimentan de peces y crustáceos.

Se trata de criaturas muy inteligentes. Además de una cabeza grande que contiene un cerebro de gran tamaño, tienen un sistema nervioso complejo y unos ojos muy desarrollados. Suelen presentar de 8 a 10 tentáculos cubiertos de

El nautilo (*ilustrado abajo*) es el único cefalópodo con una concha desarrollada.

COMPARA Y CONTRASTA

Mira la foto de un pulpo, un calamar, un nautilo y una sepia. ¿Qué tienen en común? ¿En qué se diferencian?

ventosas, con las que capturan presas o se adhieren a las superficies duras.

Como, en general, no tienen concha, se protegen moviéndose y nadando rápidamente. Los calamares y los pulpos, en concreto, pueden cambiar de color y de dibujo para confundirse con el entorno, y la mayoría de los de su especie expulsa tinta para enturbiar el agua, ¡un estupendo método para despistar al enemigo mientras escapan!

El pulpo común modifica su color y su aspecto para confundirse con el entorno.

15

¿DÓNDE VIVEN LOS MOLUSCOS?

Hay moluscos por todo el mundo. La mayoría vive en el océano, que es salado, pero otros viven en agua dulce. Unos prefieren las aguas poco profundas del litoral y otros, no: ¡se han visto algunos a 670 metros (2,200 pies) de profundidad! Muchos excavan en fondos arenosos o fangosos, pero otros se adhieren a las rocas. Las ostras, por

Muchos moluscos viven en la costa.

ejemplo, crecen en grandes agrupaciones llamadas *racimos*. En su mayoría, las especies de moluscos son nómadas, es decir, carecen de hogar fijo, aunque algunas son parasitarias y permanecen en la superficie o el interior de otro ser vivo.

Los moluscos también viven en la tierra, ¡hasta en nuestros patios! El jardín es el hogar perfecto para babosas y caracoles. Aunque a estos moluscos terrestres les suelen gustar los sitios frescos y húmedos, también habitan en regiones frías e, incluso, en los secos desiertos.

VOCABULARIO

Terrestre significa que crece y vive en la tierra.

Los gasterópodos abundan en los jardines. ¡Pueden comerse tus plantas!

LOS MOLUSCOS EN EL ECOSISTEMA

Los moluscos costeros mantienen el suelo sano.

Un ecosistema es una comunidad de seres vivos que dependen unos de otros para sobrevivir. Los moluscos son una parte importante de su ecosistema. Por ejemplo, los gasterópodos terrestres, como los caracoles y las babosas, devuelven nutrientes al suelo después de comer, lo

que conserva la salud de su hábitat.
También los bivalvos preservan su ecosistema, ya que juegan

CONSIDERA ESTO:

Los organismos de un ecosistema comparten los recursos de su hábitat, que incluyen el alimento y el espacio para vivir. ¿Por qué es tan importante el equilibrio de un ecosistema?

un papel crucial en la limpieza del agua al filtrar los sedimentos mientras comen. ¡Una ostra adulta filtra unos 50 galones (190 litros) de agua al día! Esta agua más limpia y transparente proporciona un buen hogar para otras criaturas marinas.
Los cefalópodos son importantes porque son depredadores. Al alimentarse de peces, cangrejos, langostas y otros animales marinos, mantienen su ecosistema en equilibrio, lo que es fundamental para todas las especies.

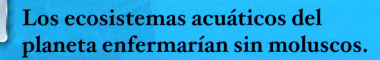

Los ecosistemas acuáticos del planeta enfermarían sin moluscos.

Ciclo vital del molusco

Los bivalvos comienzan su vida en un huevo fertilizado, y casi todos los moluscos marinos salen de él en forma de larvas, criaturas semejantes a gusanos muy distintas de los adultos. La mayor parte pasa por dos estados larvarios durante los cuales las larvas nadan libremente. Al cabo de un tiempo, caen al fondo del mar y se adhieren a una superficie dura. Cuando llegan a la adultez no vuelven a nadar.

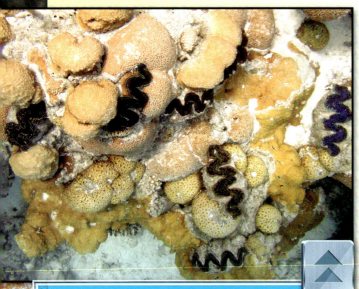

Unas almejas gigantes fijas a un arrecife coralino.

COMPARA Y CONTRASTA

Compara los ciclos vitales de las tres clases más numerosas de moluscos.

Los gasterópodos comienzan a vivir de forma parecida, saliendo como larvas del huevo fertilizado. Durante el estado larvario, el cuerpo gira para dejar la parte ventral hacia arriba. Esto se denomina *torsión,* y solo les ocurre a los gasterópodos. Después crecen hasta convertirse en adultos.

Las hembras de los cefalópodos dejan grupos de huevos en el fondo del mar, bajo las rocas o en superficies duras, y algunas los protegen hasta que eclosionan. Después de la eclosión, los jóvenes parecen pequeños adultos o pasan por un estado larvario.

Huevos de caracol de los que saldrán diminutas crías.

HÁBITOS ALIMENTARIOS

¿De qué se alimentan los moluscos? Muchos, sobre todo, de algas. Los gasterópodos utilizan la rádula para rasparlas de las rocas. Los moluscos de mayor tamaño tienen más apetito. Los caracoles y las babosas comen plantas y frutas; los calamares, peces y gambas; los pulpos, ¡hasta tiburones!

Los bivalvos se alimentan por filtración, es decir, tomando del agua diminutas

CONSIDERA ESTO:

¿Cómo se han adaptado los cuerpos de los moluscos para cazar o alimentarse?

Las algas que cubren esta roca son sabrosa comida para los gasterópodos.

22

partículas de alimento. Cuando abren la concha, el agua circula por las branquias, que se encargan de extraer oxígeno y comida.

Los moluscos son activos de noche. El pulpo, por ejemplo, permanece en las profundidades marinas durante el día y, al amanecer y al anochecer, se acerca a la superficie para buscar comida.

El calamar gigante se sirve de sus ojos (cada uno del tamaño de un pie, 30 centímetros) para ver a sus presas en la oscuridad. Los caracoles y las babosas terrestres pasan el día escondidos.

anterior adductor muscle · digestive gland · stomach · aorta · heart · kidney · esophagus · mouth · shell · posterior adductor muscle · anus · foot · ganglion · excurrent siphon · intestine · mantle · gills · incurrent siphon

© 2014 Merriam-Webster, Inc.

Así es el interior de una almeja. El agua atraviesa sus valvas y circula por el blando cuerpo que protegen.

Humanos y moluscos

Los moluscos llevan mucho tiempo beneficiando a los humanos ya que han servido de alimento por todo el planeta. Los más consumidos son las almejas, las ostras, los mejillones, los pulpos y los calamares. En Francia, se considera que los *escargots* —caracoles— son una exquisitez.

La recolección y venta de moluscos sirve también para la

El ingrediente estrella de la sopa de almejas es este popular gasterópodo.

economía de muchas poblaciones costeras. El nácar, un material brillante de las conchas bivalvas, se utiliza para fabricar botones y adornos. Las conchas en general sirven para hacer joyas y otros objetos. En ciertas especies de ostras se desarrollan bellas perlas, muy estimadas en joyería. Si alguna vez has recogido conchas en la playa, es posible que conserves parte de uno o de varios moluscos.

CONSIDERA ESTO:

Durante miles de años, los humanos han utilizado los moluscos para alimentarse y ganarse el sustento. ¿Qué pasaría si las poblaciones de moluscos disminuyeran?

Ciertas ostras producen perlas en su interior, en torno a minúsculos fragmentos de arena o tierra.

MOLUSCOS EN PELIGRO

Los moluscos llevan millones de años en nuestro planeta. De hecho, algunos se encuentran entre los animales más antiguos que conocemos. Aunque han sobrevivido porque sus cuerpos se han adaptado muy bien al entorno, los recientes cambios climáticos de la Tierra están empezando a afectarlos.

El **calentamiento global** provoca que la temperatura del aire terrestre suba

Fósil de un caracol que vivió hace millones de años.

VOCABULARIO

El **calentamiento global** es el aument observable de la temperatura en la superficie de la Tierra. La quema de carbón, petróleo u otros combustible fósiles produce ciertos gases que atrapan la energía solar y calientan la atmósfera.

y, en consecuencia, también lo hace la del agua. Los moluscos acostumbrados a crecer en aguas frías tienen que luchar para sobrevivir en aguas que se han vuelto más cálidas.

La conducta humana es también responsable de otros problemas que afectan a los hábitats de los moluscos. Por ejemplo, la sobrepesca y la contaminación están provocando la disminución de sus poblaciones.

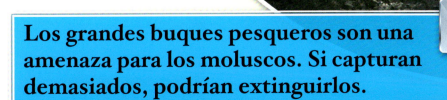

Los grandes buques pesqueros son una amenaza para los moluscos. Si capturan demasiados, podrían extinguirlos.

Mejorar el mundo para los moluscos

Es importante pensar cómo nuestros actos perjudican a los moluscos. Estos son una fuente de alimento y juegan un papel crucial en la economía de las poblaciones costeras. Además, los necesitamos para mantener el equilibrio de los ecosistemas de nuestro planeta. Dependemos de ellos

Si bien las costas son para disfrutarlas, deben ser seguras para los moluscos.

Considera esto:

¿Qué cambios se te ocurren para que los moluscos estén mejor en nuestro planeta?

para muchas cosas, así que es preciso que los respetemos.

Nunca eres demasiado joven para ayudar a hacer del planeta un lugar mejor para los moluscos. Una manera es reflexionando sobre nuestro impacto en el entorno. Habla con tu profesor y familia sobre los métodos para mantener un planeta limpio y seguro, tanto para los moluscos como para todos los organismos vivos. Si el entorno es bueno para ellos, lo será también para nosotros.

Limpieza del petróleo vertido en un pozo de agua de Kansas.

GLOSARIO

adaptarse Cambiar para sobrevivir en una nueva situación.

característica Cualidad o rasgo que diferencia a un individuo o a un grupo de otros.

clima Condiciones meteorológicas medias de un lugar o región durante un período de años.

contaminación Acto o proceso que ensucia y convierte la tierra, el agua o el aire en peligrosos o inadecuados para el uso.

diferir Dicho de algo o alguien: distinguirse de otros.

diverso Diferente, distinto.

músculo Tejido corporal consistente en células largas capaces de contraerse para producir movimiento.

nutrientes Sustancias minúsculas contenidas en los alimentos que los seres vivos comen, beben o absorben para crecer y sobrevivir.

órgano Parte corporal, consistente en células y tejidos, especializada en una tarea concreta.

presa Animal que sirve de alimento a otros y que, por lo tanto, es cazado.

racimo Conjunto de cosas similares que crecen, se cultivan o se colocan juntas.

recurso Algo que se encuentra en la naturaleza y ayuda a sobrevivir a los seres vivos.

sistema digestivo Partes del cuerpo que trabajan juntas para transformar la comida en algo que el organismo pueda utilizar.

sistema nervioso Sistema orgánico que transmite mensajes desde el cerebro a otras partes del cuerpo.

Para más información

Libros

Bishop, Celeste. *Slimy Slugs*. New York, NY: PowerKids Press, 2016.

Boothroyd, Jennifer. *Shells*. Minneapolis, MN: Lerner, 2012.

Housel, Debra J. *Incredible Invertebrates*. Huntington Beach, CA: Teacher Created Materials, 2012.

Montgomery, Sy and Keith A. Ellenbogen. *The Octopus Scientists: Exploring the Mind of a Mollusk*. Boston, MA: Houghton Mifflin Harcourt, 2015.

Murphy, Emily. *Bay in the Balance*. Monterey, CA: National Geographic, 2013.

Petersen, Christine. *Pearls*. Minneapolis, MN: ABDO Publishing Company, 2014.

Sitios web

Debido a la naturaleza cambiante de los enlaces de internet, Rosen Publishing ha desarrollado una lista en línea de sitios web relacionados con el tema de este libro. Este sitio se actualiza regularmente. Utiliza este enlace para acceder a la lista:

http://www.rosenlinks.com/LFO/moll

ÍNDICE